www.ingramcontent.com/pod-product-compliance
Lightning Source LLC
Chambersburg PA
CBHW052038280526
45791CB00010B/2999
* 9 7 8 1 0 7 3 0 2 9 9 7 6 *